Wo das Herz seinen Morgen findet

VON DER FREUNDSCHAFT

KHALIL GIBRAN

PATMOS VERLAG

UND EIN
JUNGER MANN
SAGTE:

Sprich uns von der Freundschaft.

UND ER ANTWORTETE
UND SAGTE:

Euer Freund ist die Antwort auf eure Nöte.

Er ist das Feld, das ihr mit Liebe besät und mit Dankbarkeit erntet.

Und er ist euer Tisch und
euer Herd.

Denn ihr kommt zu ihm
mit eurem Hunger und ihr
sucht euren Frieden bei ihm.

Wenn euer Freund frei heraus spricht, fürchtet ihr weder das »Nein« in euren Gedanken, noch haltet ihr mit dem »Ja« zurück.

Und wenn er schweigt, hört euer Herz nicht auf, dem seinen zu lauschen.

Denn in der Freundschaft werden alle Gedanken, alle Wünsche, alle Erwartungen ohne Worte geboren und geteilt, mit Freude, die keinen Beifall braucht.

Wenn ihr von eurem Freund weggeht, trauert ihr nicht.

Denn was ihr am meisten an ihm liebt, ist vielleicht in seiner Abwesenheit klarer, wie der Berg dem Bergsteiger von der Ebene aus klarer erscheint.

Und die Freundschaft soll keinen anderen Zweck haben, als den Geist zu vertiefen.

Denn Liebe, die etwas anderes sucht als die Offenbarung ihres eigenen Mysteriums, ist nicht Liebe, sondern ein ausgeworfenes Netz: und nur das Nutzlose wird gefangen.

Freundschaft ist immer eine angenehme Verantwortung, niemals eine günstige Gelegenheit.
Wenn du deinen Freund nicht bedingungslos verstehst, wirst du ihn niemals verstehen.

Sand und Schaum

Trefft ihr euren Freund auf der Straße oder auf dem Marktplatz, so soll der Geist in euch eure Lippen bewegen und eure Zunge lenken!

Der Prophet

Und
lasst
euer Bestes
für euren
Freund
sein.

Wenn er die Ebbe eurer
Gezeiten kennen muss, lasst ihn
auch das Hochwasser kennen.

Denn was ist ein Freund, wenn
ihr ihn nur aufsucht, um die
Stunden totzuschlagen?
Sucht ihn auf, um die Stunden
mit ihm zu erleben.

Denn er ist da, eure Bedürfnisse zu befriedigen, nicht aber eure Leere auszufüllen.

Und in der Süße der Freundschaft lasst Lachen sein und geteilte Freude.

Denn
im Tau
kleiner Dinge
findet
das Herz
seinen Morgen
und wird
erfrischt.

Die himmlische Liebe
kennt keine Eifersucht,
denn sie ist überreich.
Sie fügt dem Körper
keine Schmerzen zu,
denn sie lebt im Geist
und durch den Geist.
Sie ist eine tiefe Zuneigung,
welche die Seele
mit Heiterkeit erfüllt.

Sie ist ein Hunger nach
Einklang und Harmonie,
der sich des Herzens
bemächtigt, ein Gefühl,
das die Sehnsucht
in unseren Seelen weckt,
ohne sie zu beunruhigen.
Sie lässt uns die Erde
als Paradies erscheinen
und das Leben als einen
schönen Traum.

Gebrochene Flügel

Und
lasst
euer Bestes
für euren
Freund
sein.

VERLAGSGRUPPE PATMOS

PATMOS
ESCHBACH
GRÜNEWALD
THORBECKE
SCHWABEN

Die Verlagsgruppe
mit Sinn für das Leben

Übersetzung »Der Prophet – Von der Freundschaft«: Karin Graf; andere Texte: Ursula und S. Yussuf Assaf

MIX
Papier
FSC FSC® C103849

Für die Schwabenverlag AG ist Nachhaltigkeit ein wichtiger Maßstab ihres Handelns. Wir achten daher auf den Einsatz umweltschonender Ressourcen und Materialien. Dieses Buch wurde auf FSC®-zertifiziertem Papier gedruckt. FSC (Forest Stewardship Council®) ist eine nicht staatliche, gemeinnützige Organisation, die sich für eine ökologische und sozial verantwortliche Nutzung der Wälder unserer Erde einsetzt.

www.patmos.de

Gestaltung: Finken & Bumiller, Stuttgart, Chandima Soysa
Druck: Schätzl Druck & Medien e.K., Donauwörth
Hergestellt in Deutschland
ISBN 978-3-8436-0352-2